TEMERÁS

Ensayo sobre la locura

Lili Pazos

ISBN-13 : 979-8631864573

Edición de texto: Silvia Appugliese

Diseño de portada: Lorena Portillo

Fotografía de portada: Maria Sniadowka

Al tío Miguel, a los locos, y a todos los integrantes del Frente de Artistas del Borda.

1

La plata —como metal precioso en estado natural—
es brillante, dúctil, maleable y blanda, muy blanda.
Tanto, que es necesario alearla con otro metal, gen-
eralmente cobre, para poder trabajarla. La propor-
ción es 92.5% de plata pura y el resto cobre. Por lo
tanto, la plata conocida como 925 está compuesta
por 925 partes de plata y 75 partes de un metal distinto. Como si lo bello no tuviese forma definida y
lo poderoso quedara oculto en ese 7.5%, en lo diferente, en lo extraño-extranjero del metal primario.
Lo que posibilita hacer joyas de plata es la plata
junto al agregado de otro metal, pero al otro metal
nunca se lo nombra.

2

Era la época en que trabajaba ad honorem en el Hospital Psiquiátrico José Tiburcio Borda de Buenos Aires, en un servicio de pacientes crónicos, uno de esos servicios en donde nadie quiere trabajar porque es asistir pasivamente al deterioro físico y psíquico de los pacientes más abandonados que existen dentro de la categoría de pacientes abandonados.

En la primera sesión que tuve con uno de mis pacientes, apenas se sentó él me dijo:

—Anoche dios me habló de usted.

—¿Y qué le dijo? —Pregunté entre intrigada y asustada.

—Que usted me iba a mostrar la verdad.

Por suerte dios estaba de mi lado. Yo creía que todo era posible, creía que podía ayudar.

Después de casi un año de trabajar en el servicio de crónicos, uno de mis pacientes —uno de esos pacientes que hacía más 30 años estaba internado y de los cuales me cansaba de pasar las páginas de su historia clínica que detallaban todos los electro-shocks que había recibido a lo largo de sus primeros años de internación— empezó a responder. Un día me dijo que tenía ganas de ir al jardín del hospital, y salió al jardín después de años de no haber salido siquiera del servicio. Y después me dijo que quería ir a comer una porción de pizza a Constitución y que quería ir a caminar por el barrio.

Yo me empecé a preocupar. Desde lo terapéutico era todo un éxito, pero me preguntaba si le estaba haciendo un bien. Hacía ya años que sus parientes y amigos habían fallecido o desaparecido, y nadie lo había visitado en más de diez años. ¿A qué mundo iba a salir? A la vez, ¿quién era yo para juzgar? Pero en un paciente crónico el alta era impensable. ¿Lo estaba ayudando realmente o le complicaba la existencia al empujarlo a despertar su deseo? La tristeza de no poder responderme esa pregunta me nubló el juicio, o quién sabe lo clarificó.

En el mismo servicio había un paciente que decía que había incendiado al mundo y que lo que parecían estrellas no eran más que las chispas que aún quedaban de aquel incendio de hacía tiempo atrás. Sus delirios eran pueriles, sin embargo, yo creía, le creía a todos los abandonados en aquel hospicio.

Debía dejar al menos la mínima posibilidad de que todo lo que oía, de algún modo al menos, fuese cierto, y creo que algo de esto se percibía. Aunque hubiese sido solo su verdad, incluso disfrazada de delirio, era verdad de algún modo.

Sé que a los pacientes les transmitía una escucha honesta. A los profesionales, en cambio, no reconfortaba tanto. Una vez en una reunión de equipo, la jefa de servicio (que estaba bastante chiflada, cabe aclarar) se calló de golpe y señalando el cenicero (eran los 90 y sí, se fumaba en los hospitales) preguntó espantada de quién era el cigarrillo armado, mientras buscaba con la mirada quién era capaz de adquirir un hábito idéntico al de los pacientes del manicomio. El cigarrillo armado era mío.

3

Mi relación con la locura venía desde que era una niña. La primera vez que entré a un Hospital Psiquiátrico fue para visitar a mi tío Miguel. No recuerdo el nombre completo del hospital pero incluía la palabra *arcángel* y quedaba en zona sur; antes él había estado en el Borda pero en el Borda no dejaban entrar a menores de edad entonces no pude visitarlo cuando estuvo allí.

Por alguna razón no lo recuerdo a mi tío en el hospital sino que lo que me quedó grabado fue una mujer, una mujer que saludaba a todos los que pasaban cerca de ella y mientras me agarraba la mano hablaba muy rápido y sin hacer pausas mezclando un tema con otro. Mi hermana Clau, en cambio, recuerda el olor a mandarinas que había en el comedor. Yo también recuerdo al comedor, pero no el olor, sino que tengo la imagen de todos los pacientes pelando las mandarinas, y recuerdo que nos ofrecieron a mi hermana y a mí y dijimos que no.

Antes de haber ido a ese hospital, estaban los encuentros con mi tío, solo que para mí él no estaba loco.

Años después de su muerte me enteré de que dormía con un cuchillo debajo de la almohada y que la acusaba a mi tía de que ella quería matarlo. Y sin embargo mi recuerdo de él es de paz absoluta, paz y silencio. Yo pasaba mucho tiempo sola con él. Seguramente estaba medicado y en su mundo habitado por quién sabe qué dioses y demonios; pero para mí esos encuentros eran casi sagrados, porque yo entraba en mi mundo y llegaba hasta la capa más profunda, y él, precisamente porque a su modo hacía lo mismo, lo habilitaba.

Hacía algunas cosas extrañas, como acercarse a cada árbol que quedaba en el trayecto entre su casa y la mía para tocarlo con el dedo índice y después retomar la marcha como si nada. Para mí era algo que él necesitaba hacer (por alguna razón que yo desconocía), pero nunca se me cruzó por la cabeza juzgarlo por eso, ni a nadie de mi familia. Sí criticaban que se gastara todo el dinero de su jubilación para comprarse cigarrillos, eso sí, pero sus modos eran aceptados como particularidades. Cada uno se expresa como le sale. Esa era mi creencia y creo que fue parte vital en la formación de mis actitudes que se reflejaron de adulta.

4

La palabra loco se utiliza con un sinfín de significados, muchos de ellos valorados. Sin embargo, pareciera que un poco de locura está bien para salirse de la norma, pero demasiada locura asusta, como asustan todas las profundidades.

¿O será que acaso existen locuras buenas y locuras malas?

En mi infancia, aquella vez que mi hermana Clau creyó haber visto a mi Nono —que había muerto hacía unos meses— en el banco del patio donde solía sentarse, mi Nona dijo que los niños tenían el alma pura y entonces podían ver a los muertos y se emocionó; pero la gente del hospital que oía voces que nadie más oía estaba loca y los demás les tenían miedo.

5

El miedo es capaz de agrandar la más mínima percepción de incomodidad ante lo que desconocemos hasta transformarse en peligro inminente, y entonces nos cambiamos de asiento en el colectivo si tenemos cerca al que habla solo, pasamos de largo ante las situaciones de violencia haciendo de cuenta que no existen; pegamos un salto ante la aparición de una araña, o incluso de un saltamontes; espantamos o aplastamos al insecto más inofensivo. Somos animales temerosos, y eso nos convierte en animales peligrosos.

Atacamos para defendernos, agredimos por las dudas, abarcamos más espacio solo por si después llegara a hacernos falta. En cambio, cuando somos capaces de mirar al miedo a la cara y con calma, el miedo se derrite como el hielo en el asfalto en un enero de Buenos Aires.

Claro que saberlo no me impide sentirlo, pero sí me

ha salvado la vida, más de una vez.

6

Era la medianoche. Volvía de un día pesado entre el hospital psiquiátrico y el hospital general en donde estaba internada mi Nona después de una operación en la cabeza por un hematoma subdural. Hacía días que venía con esa dinámica, de un hospital a otro. No recuerdo por qué se me había hecho tan tarde; el tema es que llegué a la estación de trenes de Burzaco a la medianoche. Caminaba hacia mi casa, cuando aún vivía con mis padres, completamente ensimismada. Cinco cuadras, cinco cuadras que había caminado mecánicamente durante años, cinco cuadras que un día se transformaron en lo ajeno, en miedo puro.

Ese día, con todo lo que tenía en la cabeza no prestaba atención por dónde pisaba y menos aún registraba quién caminaba detrás mío. Estaba en otro mundo cuando a mitad de camino de pronto tenía un brazo alrededor del cuello y la punta de un

cuchillo del lado derecho en la cintura. Me paralicé.
El hombre dijo:

—Si hacés lo que yo te digo, no te voy a lastimar.

Eso fue lo único que se filtró del mundo externo y luego volvió a cerrarse. Me dije:

—Esto no puede estar pasando, no puede ser real.

Lo repetía una y otra vez mientras caminaba como una autómata. Mi cabeza y mi cuerpo habitaban vidas paralelas, escindidas. Fue recién al llegar a la esquina que mi mente conectó con lo que estaba pasando. Pensé que esa cuadra a la que estábamos adentrándonos era muy oscura, más oscura incluso que la cuadra por donde venía caminando, y me dije con certeza:

—Esta no la cuento.

La casa de la esquina tenía rejas y en algún momento supe que esa era mi única oportunidad. Lo que siguió a continuación lo viví en cámara lenta. Mientras con la mano derecha me agarré a uno de los barrales de la reja pensé:

—Este tipo es más fuerte que yo, tengo que encontrar otra manera de defenderme.

Pensaba y buscaba la respuesta en ese doble tiempo que a veces te permite la tensión extrema, a toda velocidad y a la vez con calma. Tuve la primera respuesta instintiva de sacarme al tipo de encima y lo empujé. Lo tenía de frente por primera vez mientras con la mano izquierda, que había usado para empujarlo, lo retenía. Mi mano había quedado apoyada en su pecho y con toda claridad sentí su taquicardia. Ese instante fue la respuesta: sin adrenalina no podía violarme ni matarme.

Sin soltar la reja y sosteniendo mi mano que lo rechazaba, encajé en mí. Lo miré fijo y le dije con toda la naturalidad del mundo:

—Mirame a los ojos, estoy tranquila, no te va a hacer bien lastimarme, creeme. Estoy tranquila, mirame.

No sé cuanto tiempo pasó pero fue un tiempo de presencia real y de certeza. De pronto el tipo me soltó y dijo:

—La próxima vez, te mato.

Y así nomás, desapareció de mi vista. Yo retomé el camino a mi casa con calma aparente hasta que llegué a la vuelta de mi casa y corrí y corrí, como si mi vida dependiera de ello. Supongo que mi vida había dependido de ello, pero de mi correr-caminar como autómata que me dio tiempo para pensar. Recién cuando entré a mi casa se me aflojaron las piernas y la desesperación se filtró en un discurso entrecortado y alterado.

El hombre parecía un tipo común y corriente. Un tipo que podría haber estado tomando un café al lado mío y ni lo hubiese advertido, de lo más normal.

Después del episodio quedé muy vulnerable. Me daba asco estar en lugares como la estación Constitución en donde tantos hombres me miraban. Y durante ese tiempo también me di cuenta de que las miradas nos tocan, en un plano más sutil, pero dentro de una realidad. Ya sabía que una mirada amorosa te tocaba pero por primera vez me daba cuenta de que una mirada que dañaba también lo hacía.

Nunca dejé de estar agradecida de la suerte que tuve. Es increíble, tener que estar agradecida de que un extraño no me hubiese violado ni asesinado. ¿Quién sabe cuántas variables intervinieron para que las cosas resultaran así? Variables que otras mujeres nunca tuvieron. El hecho de que el tipo no estuviese drogado fue una. Tal vez incluso mi estado de ánimo que me sumió en un letargo, que a su vez frenó la desesperación. Y una suerte más indefinida, que no puedo nombrar siquiera. Pero lo que más me impresionaba era que me había salvado por haber conectado con el otro.

Después de varias semanas, cuando la noción de fragilidad junto al miedo que conllevaba se diluyó, sentí un poder que me obnubilaba. Mi cabeza era más potente que un arma, y me asustó darme cuenta de esa verdad.

7

Mi intención se transforma en acción. Cuánta más consciencia tenga al respecto más poder a disposición y más me adueño de mi voluntad. Cuando vislumbro cuánto de mí define una situación determinada es que más creo en que soy al menos un poco libre.

¿Cuánta interdependencia existe con el afuera?
¿Cuánto de nosotros se filtra hacia el afuera y se presenta como parte del contexto, o de una casualidad, o incluso la suerte?
¿Cuánto del afuera se percibe como propio?
¿El miedo puede venir de afuera o siempre viene de adentro?

Humanos que deambulamos por el mundo, asustados de la propia sombra.

¿Qué es lo más humano: el miedo o lo contrario al miedo? ¿Cuál es el antónimo del miedo?

¿Le tenemos miedo al loco que está enfrente o a la locura que es parte de nosotros mismos y que se refleja en ese otro? O peor aún, que está ahí dentro pero que no se refleja.

8

Junto a unos amigos, salíamos de una fiesta de fin de año. Yo estaba borracha y caminaba con torpeza, hablando fuerte y riéndome a carcajadas. Antes de llegar al auto en donde estaban mis amigos me detuve en la casa de al lado de la fiesta. Había un dóberman que ladraba asomándose a través de la reja. Ladraba chorreando baba y con los ojos rojos. Yo miré al perro, me acerqué y pasé la mano a través de la reja para acariciarlo. A lo lejos escuché la voz de mi amiga Ale, que veía la escena desde el auto y me llamaba a los gritos para que me detuviera. Para sorpresa de ella y los demás que estaban mirando, el dóberman inclinó su cabeza y recibió mi caricia. Recién al día siguiente me di cuenta de lo que había ocurrido; no le había dado entidad al ladrido sino que miré más allá y me encontré con un animal que me dio ternura, por lo tanto el perro no había olido miedo, y respondió acorde a mi actitud y determinación.

¿Entrará este episodio dentro de algún tipo de ley? ¿Cómo llamarla? ¿La actitud solo influye o acaso determina el resultado de una acción?

9

Después de un par de años en el servicio de internación de crónicos, empecé a trabajar —también ad honorem— en el Frente de Artistas del Borda. Cabe destacar que la atención pública de la salud mental en Argentina se sostiene por todos los psicólogos y demás trabajadores de la salud que trabajan sin percibir sueldo alguno.

El Frente de Artistas del Borda (FAB) se compone, así, con voluntarios que conforman una ONG que cuestiona el imaginario respecto de la locura y que funciona dentro de uno de los hospitales psiquiátricos más grandes del país. Dicho en otras palabras, es una organización que está en contra del manicomio dentro del manicomio.

El FAB está compuesto por diversos talleres de arte y las producciones se muestran afuera del manicomio, creando un lazo con la comunidad, y cuestionando estereotipos.

En la primera Asamblea a la que fui a presentarme —y más adelante pude observar que a mucha gente le pasaba lo mismo en ese primer encuentro — miraba a los presentes y respecto de cada uno me preguntaba si era un paciente o un coordinador. Lo interesante —además de registrar un prejuicio del cual no era consciente en absoluto— fue que no podía responderme con certeza y eso, entre otras cosas, fue lo que me comprometió a ser parte del proyecto.

Esa incomodidad de no estar segura de qué lado estaba, en gran medida propuesta por la dinámica del Frente de Artistas, me pareció crucial para ejercer la profesión de psicóloga.

Después de algunos años de trabajar en el FAB me encontré en el pasillo del hospital con aquel paciente que había conectado con su deseo y que después de tantos años quería ir a comer una pizza a Constitución. Me quedé helada apenas lo vi; con emociones encontradas de alegría de verlo y de cierta vergüenza por haber dejado el servicio. Uno no se compromete para siempre, sí, podía comprender eso, sin embargo yo era una más que lo había abandonado. Él vino desde la otra punta directo a saludarme y me dijo:

—¿Se acuerda cuando hacíamos esas sesiones tan optimistas?

La angustia se me agolpó en la garganta. ¿Por qué no podía continuar cada proceso de ayuda a los otros hasta la eternidad? Mucho tiempo después me di cuenta de que él seguía deambulando por los pasillos y que no había vuelto a encerrarse en el servicio, pero esa evidencia no alcanzaba para mitigar la tristeza de no haber podido hacer más por él. Me avergonzaba el haber sido una más.

10

A mi Nona, la misma a la que habían operado de la cabeza, le diagnosticaron al poco tiempo una demencia senil. Un día me preguntó con terror en sus ojos:

—¿Sabés lo que es "saber" que estás perdiendo la cabeza?

La frase era contradictoria y verídica a la vez. Es propio de la demencia saber de su existencia hasta que las luces del pensamiento coherente se van gastando y ya no queda lógica de tiempo ni de espacio. Cuando parecía una niña, uno no sabía si enternecerse o enojarse. Varias veces hizo el chiste de que no se acordaba de alguien que conocía, para después de vernos las caras (de espanto o tristeza) largar una carcajada.

Un día, cerca del final, en la época en que veía gente que había fallecido hacía décadas y que para ella eran tan reales como las enfermeras y como yo misma, me dijo:

—A vos te quiero con locura.

Y era cierto, ella estaba loca y me quería; hablaba con certera verdad, con esa lucidez indiscutible del que accede a la posibilidad de asomarse a ese espacio intermedio entre la vida y la muerte y que otorga la sospecha, al menos, de una epifanía. Era un mensaje simple y lo escupía sin vergüenza. Yo no podía parar de llorar, porque sabía que se iba a morir pronto y porque era la primera vez que mi abuela me decía que me quería.

Cuando en mi casa de la infancia compraron el primer microondas, todos creíamos que mi Nona, que jamás había utilizado nada similar, no iba ni a acercársele. La primera vez lo miró con desdén y uno podía leer que en ese momento estaba pensando que todos éramos unos estúpidos por creer que eso iba a servir para algo.

Para nuestra sorpresa un día lo abrió, puso un plato para calentar y marcó veintidós minutos. Yo estaba a punto de intervenir, pero por alguna razón no lo hice y observé. Ella siguió haciendo cosas en la cocina y después de un minuto abrió el microondas y sacó el plato a la temperatura perfecta. Esto se transformó en una práctica habitual; escribía números al azar e intuitivamente lo detenía cuando estaba listo.

Cada uno incorpora lo diferente a su modo. Lo que importa es acercarse y abrir la puerta.

11

Con el Frente de Artistas del Borda decidimos realizar una obra de teatro —que habitualmente se mostraba afuera— dentro del hospital, precisamente en el teatro del Borda. Nos entusiasmaba poder mostrar lo que hacíamos a la gente del hospital que nunca había venido a ver ninguna representación, en particular a los pacientes que no tenían permiso de salida.

Vino bastante gente: pacientes, enfermeros, médicos y participantes del FAB. La obra empezaba con uno de los actores entrando por donde ingresaba el público; el personaje estaba enojado y demostraba el enojo con un tono de voz fuerte. Oscar, el actor principal, unas semanas atrás se había fracturado una pierna y uno de los coordinadores del taller de teatro, Maxi, lo reemplazó en la obra.

Nunca nos imaginamos que el episodio que siguió a continuación iba a transformarse en un extracto durísimo de todo lo que representaba nuestra lucha en contra del imaginario respecto de la locura.

Todo preparado: el público sentado, los actores en escena. Acción. Entra Maxi (actor y director de teatro, que nunca estuvo internado ni por una apendicitis) en su papel de personaje agresivo. Lo que siguió a continuación fue rápido y horroroso. Los enfermeros que estaban sentados en la primera fila se pararon en seguida, como si hubiesen estado de guardia y ante el grito hubiesen saltado de los asientos para responder a la labor de socorrer al necesitado de contención física (expresión que da cuenta de bloquear a alguien con el cuerpo e inclusive —si es necesario— de atarlo a la cama) y lo agarraron a Maxi apretándole los brazos al cuerpo para inmovilizarlo. Enseguida María, otra actriz y también coordinadora del taller de teatro que casualmente participaba de la obra, empezó a gritar desde el escenario:

—Es parte de la obra, suéltenlo, es parte de la obra.

Los demás actores, todos pacientes del hospital, se habían paralizado ante el llamado de la quietud impuesta.

El hospital era un escenario fijo y permanente, sin horarios de ensayos ni cambios de escenografía, en donde solo se representaba la obra de los que están locos. En loop.

A esa obra de teatro nunca asistí porque tenía pacientes que no podía reagendar. Al episodio lo conté tantas veces que es como si hubiese estado presente.

Cuando el que escucha mi relato asume que estuve viendo la escena, ¿acaso se convierte en ficción?

¿La ficción es una locura buena? ¿La realidad, cuando nos espanta, es acaso una locura mala?

¿La locura buena nunca hace daño?

¿La mentira es ficción?

¿Cuáles son las diferencias entre mentira, ficción y locura?

Paralelamente en uno de los servicios de internación —de esto me entero por Paula, una artista plástica que estaba haciendo una pasantía en dicho servicio— los psicoanalistas hacía semanas discutían respecto de los posibles efectos de la utilización de acuarelas en los pacientes y no estaban seguros de permitirlo. ¿O era la tinta china?

12

En el hospital psiquiátrico no podés aburrirte sino que estás abúlico, no podés estar introspectivo sino autista, no podés siquiera tener un mal día sino que expresás finalmente tu violencia contenida. Esos son los personajes disponibles.

Una característica se descontrola ante el ojo del que observa y la persona completa queda cosificada en un molde fijo. Las máscaras salen de los miedos históricos respecto de lo que no entendemos y también de los libros que definen torpemente las miserias humanas de todos los tiempos.

Las patologías mentales han tenido una historial de abuso tanto físico como psíquico como no lo ha tenido ninguna otra patología. Desde trepanaciones craneanas, que es una intervención quirúrgica que consiste en hacer un agujero en el cráneo de una persona viva, que se han utilizado entre otras cosas (tanto el origen como los múltiples usos están aún en discusión) para liberar a los demonios atrapados en la cabeza, hasta artefactos que suponían absorber la energía maligna del paciente (de los pacientes locos, sí).

El premio mayor (esto no es una expresión simbólica sino que de hecho obtuvo un premio Nobel) se lo llevó la lobotomía que se trataba de dañar, sí, no me confundí de palabra, de dañar parte del cerebro y los pacientes —si no morían en la intervención— quedaban más tranquilos.

Aquí hay que hacer un esfuerzo por redefinir la palabra tranquilidad.

El psiquiatra y neurocirujano portugués ganador de dicho Nobel... A ver, el tipo debía estar convencido de que cortando fibras del cerebro con una herramienta punzante que alcanzaba el lóbulo frontal y al que se accedía a través de la cavidad del ojo, ayudaba a sus pacientes, ¿no es así? Si no tendríamos que pensar que el tipo era un psicópata. Un psicópata nivel anticristo.

¿Cómo es que a alguien se le ocurrió que podía sanar metiendo un picahielo y que revolviendo un poco el cerebro, repito, a través del ojo, (sí, qué impresión) podía arreglar algo? ¿Acaso todos se habían confabulado para dejar de adherir al principio de no hacer daño?

¿O es que hay que silenciar a la locura a como de lugar porque es tan insoportable que ante la duda se sobremedica, se encierra, se revuelve un poquito el cerebro para acallar las voces?

Cualquier cosa para acallar las voces que no existen en la misma realidad tangible de un televisor o de lo que muestran nuestros teléfonos y... Ah, perdón, de pronto me confundí. ¿Mi teléfono muestra solo verdades? No, claro que no, yo no estoy loca. Mi teléfono muestra mentiras que mucha gente acuerda que tienen valor, entonces no importa: la mentira avalada por la multitud se transforma en verdad.

Entonces, ¿la voz que no existe es la voz que quedó sola?

Siempre: es la voz marginada de los pobres infelices que no tienen quorum.

13

Los términos "idiota" e "imbécil" eran categorías dentro de los retrasos mentales. Tuvieron que modificar la clasificación cuando se empezó a utilizar como un insulto, ya que no quedaba muy bien decir:

—Hemos hecho todo tipo de tests y sabemos fehacientemente que su hijo tiene dificultades para aprender porque es un imbécil.

Entonces se cambió el nombre del diagnóstico pero no se trabajó respecto del abordaje de ese chico con dificultades para aprender hasta décadas más adelante. Y aún hoy, cuánto falta... Cambiar las palabras no alcanza.

Hoy no están de moda los electroshocks, pero si me alejo del que habla solo a ver si no saca un cuchillo y me asesina, mejor. Nunca se puede estar del todo seguro cuando uno trata con un subhumano que puede estar poseído por el demonio.

Otra alternativa aparece si cruzamos la vereda: romantizamos a la locura, como gesto original, heroico, arriesgado, olvidando el sufrimiento y negando el dolor. Y así, también la acallamos.

14

En un hospital psiquiátrico hay pacientes con depresión, con problemáticas vinculadas a las adicciones, pacientes con deterioro físico y mental, pacientes que han tenido un brote psicótico y han escuchado la voz de dios que les decía que pisaran el acelerador o que venían a salvar al mundo. ¿Quién da más? Ah, también hay pacientes con dificultades cognitivas.

Para que se entienda, abordar a la locura de manera generalizada, y cabe decir, normalizada, sería equivalente a tener en un hospital general una cama con una mujer que acaba de tener una cesárea junto a una cama con un paciente que están tratando por un cáncer de riñón. Cada uno requiere de abordajes diferentes, ¿no es una obviedad? Un paciente depresivo y uno con Alzheimer, también. Cada uno tiene una voz distinta.

15

Fui al primer ateneo del hospital Borda con mucho entusiasmo. Era el primer miércoles de cada mes y ya me imaginaba destinando religiosamente las fechas para no perderme ninguno.

La sala explotaba y yo me adelantaba mentalmente a las discusiones interesantes que iba a escuchar de los profesionales con tanta experiencia. Tanto tenía por aprender, estaba hambrienta incluso de argumentos que pudiesen cuestionar mis propios preconceptos.

El primer caso que se presentó, que resultó ser el único caso de la jornada, era el de un paciente con un diagnóstico de borderline. Nunca llegué a escuchar absolutamente nada de la historia del paciente ya que desde que se mencionó el diagnóstico, freudianos y lacanianos empezaron la discusión respecto de si existía o no existía el diagnóstico de borderline.

Discusión es una palabra muy grande; más bien unos enunciaban su biblia (solo existe la neurosis y la psicosis) y los otros interrumpían con la suya (también existen las patologías intermedias, y tanto las adicciones como el trastorno borderline entran dentro de ellas). Era en realidad la misma biblia, solo que con tapas de diferente color.

La biblia enunciaba con total claridad que lo que menos importaba era la humanidad de ese paciente.

Si hacés terapia con un psicoanalista probablemente vas a exacerbar tu mecanismo de racionalización, te vas a creer ligeramente superior al resto y no vas a modificar las cosas que te generan malestar en tu vida. Vas a fascinarte con la interpretación intelectualizada de tu vida y no con tu vida.

Nunca más fui a un ateneo.

16

Papelito era un vagabundo que vivía en las calles de Burzaco, el barrio de mi infancia. Vestido con un sobretodo negro, y una barba prominente se lo veía sentado en alguna vereda rompiendo en pedazos pequeños algún periódico. No rompía otros papeles, solo periódicos. Cada tanto se cambiaba de lugar y dejaba la pila de papelitos ahí amontonados y cuando uno pasaba sabía sin duda alguna que allí había estado él.

Una vez mi mamá lo vio en un puesto de diarios, en donde además de recoger los periódicos viejos, le daban un paquete de galletitas y una gaseosa. Papelito se comió medio paquete y devolvió el resto, diciendo que era suficiente. Mi mamá había quedado impactada con ese gesto de… ¿Cómo llamarlo: sinceridad, justicia, sencillez? A todos nos sorprenden esas actitudes: la locura del loco que realiza el gesto cuerdo que los cuerdos no realizan;

tan cuerdo que nos hace ruido.

Lo que se decía de Papelito era que había sido un escribano que años atrás lo habían acusado injustamente de una malversación de fondos dejando en la bancarrota a un centenar de personas, episodio que había sido primera plana de los diarios locales. Estuvo encarcelado y perdió su casa y a su familia. Se había vuelto loco con aquella pérdida, y sobre todo no había resistido el hecho de haber sido condenado por deshonesto.

También se decía que habían asesinado a su familia, episodio que lo había vuelto loco y que había sido primera plana de todos los diarios.

Otra versión era que había sido el amante de la mujer del comisario y el comisario lo había apresado y torturado. Y así, se había vuelto loco. La noticia había sido primera plana.

No sé cuál de las versiones es la verdadera, si es que alguna lo es, pero lo que tiene un sentido unívoco es que el acto de romper en pedacitos a todos los periódicos que llegaban a sus manos simbolizaba el intento de destruir la noticia. Aquella noticia que había salido en los diarios y que lo había destruido a él.

Hermoso, ¿no?

17

Debilidades y fortalezas del aparato psíquico: Debilidad se confunde con vulnerabilidad, con sensibilidad, autismo; fortaleza se confunde con rigidez, potencia, obsesión.

Una vez le pregunté a un docente cómo era la cosa; el que tenía una patología severa, ¿tenía fortaleza para poder "llevar" esa patología o acaso tenía debilidad por padecerla? No recuerdo su respuesta, y cuando eso ocurre es porque la respuesta no me convenció.

Otra vez en una clase de psicopatología un compañero preguntó cuál era la diferencia entre patología y maldad. Nadie, ni mis compañeros ni la docente, le dio pelota. Más allá de lo evidente vinculado a que son dos cosas diferentes y dependiendo desde dónde se mire —desde la salud mental o desde la moralidad o incluso la ley— la respuesta es una u otra, esa pregunta debería ser el título de una materia anual obligatoria en todas las carreras que tengan alguna relación con la salud.

Me saqué un diez cuando rendí el final de psicopatología y hablé de la "normopatía", patología inventada por mí (después me enteré de que había varias personas que habían pensado conceptos similares) que era básicamente la enfermedad de ser normal, de ser parte de la masa, dentro del cuadrado y entre los parámetros de la curva.
También me saqué un dos en el final de lógica.

18

Frases del estilo, "somos todos iguales", no hacen más retrasar la conquista de la igualdad de derechos. Hace un tiempo atrás ocurrió con las discapacidades que eran nombradas como "capacidades diferentes".

Una vez un paciente con mielomeningocele, que es un tipo grave de espina bífida y que por esta razón nunca caminó, me dijo indignado que el planteo era una estupidez; una capacidad diferente hubiese sido si él hubiera podido volar en vez de caminar. Y más se indignaba aún cuando escuchaba frases del estilo: Es un ser de luz, vino para que aprendiéramos de él. Sus palabras al respecto:

—Ser de luz, las pelotas.

Hoy en día con el intento de integrar el cada vez más grande mundo de la diversidad de géneros se niega la biología.

Creo que da cuenta de una necesidad de igualarse

solo para reconocerse en el otro; por lo tanto, negar la diferencia se transforma en un modo sutil de discriminar: te igualo entonces te acepto. Una aceptación verdadera implica lo distinto.

Gritaría a los cuatro vientos: negar realidades nunca ha conquistado un derecho.

También podría gritar: locos sí, boludos no. Frase emblemática del hospital Borda, que podría ser exportada a todos los hospitales psiquiátricos del mundo… Solo habría que ver cómo traducir la palabra "boludo".

19

Dentro de las locuras que existen dentro del hospital psiquiátrico J.T. Borda, el Frente de Artistas, de la mano de Alberto (fundador del FAB), fue cocreador de la Red Argentina de Arte y Salud Mental. La manera de conectar con proyectos artísticos de otros hospitales psiquiátricos es a través de festivales de artistas internados y externados de hospitales psiquiátricos.

Uno de ellos fue en Mendoza. El lugar era extraño, me hacía acordar a algunas películas de terror que solo había visto de chica y que siempre detesté. Esa incomodidad de saber que algo malo va a ocurrir pero no saber cuándo, que te deja en un constante estado de alerta. Después me enteré de que había sido un colegio pupilo, y ni quise imaginar las cosas que habían ocurrido allí.

Cuando llegó la hora de la primera comida y llegué al comedor vi una fila larga, muy larga, en donde esperabas a que te llegara el turno para que te sirvieran la comida. Cuando mi mirada llegó al inicio de la fila —mientras se me cerraba el apetito— comprendí las expresiones y hasta las actitudes corporales de todos los que estaban en la fila antes que yo. Habíamos viajado cientos de kilómetros para llegar a otro manicomio, en donde representantes de todos los hospitales psiquiátricos del país estábamos internados, esperando una ración de comida servida directamente con las manos, con guantes descartables de plástico. Aclaro que la comida no eran sándwiches o algo que fuese esperable tomar con las manos sino comida que ni se distinguía qué era y que chorreaba entre los dedos sintéticos.

Muchas veces el miedo se manifiesta como asco.

Ese mismo día y en el mismo lugar estaba programada hacía meses una mesa debate para hablar de la estigmatización del paciente mental.

20

Contexto: Reunión de supervisión del FAB.

Una de las psicólogas, después de dar muchas vueltas, cuenta que estaba saliendo con uno de los pacientes y los ojos de casi todos los presentes expresaban la misma sorpresa que si hubiese contado que estaba saliendo con un ser de otra especie, no humana. La frase estrella de uno de los integrantes del grupo no hizo referencia al encuadre, sino que sentenció:

—Pero es un paciente psiquiátrico.

¿Dónde había quedado el cuestionamiento del imaginario respecto de la locura? Cuestiono a los otros pero no me cuestiono a mí mismo. Si la gente que se ocupa de difundir ideas integradoras y cuestionar a otros no cree en lo que está diciendo, ¿qué podemos esperar del afuera?

Las contradicciones internas son a las que más hay que temerles.

21

En el complejo hotelero de Chapadmalal siempre nos trataron muy bien. Estamos en el marco de otro Festival de Artistas internados y externados de hospitales psiquiátricos. Después de cenar comí una manzana, no antes de lavarla bien porque ya me había ocurrido que había tenido una reacción alérgica y terminé en la guardia con un decadrón inyectable aparentemente por no haber lavado la cera artificial con la que vienen recubiertas las manzanas, para aparentar que son más brillantes que las manzanas comestibles.

Me despierto en la mitad de la noche con una picazón en las piernas. Corro al baño y me veo la cara hinchada y ya sé lo que se viene. Aprendí en un segundo que si sos sensible a la basura que te venden como comida, no alcanza lavarla con el agua de la canilla. Claro, el agua no es un corrosivo.

Vuelvo a la habitación y cuando entro se despierta

Corina, amiga y colega que compartía la habitación conmigo, y le cuento el episodio mientras me rasco y me dice que en la habitación de al lado están durmiendo Fernando, el psiquiatra que venía con la delegación, junto con los dos enfermeros. Salgo y golpeo la puerta. No tengo respuesta y entonces llamo:

—Fernando.

Y lo repito varias veces, cada vez más fuerte. Varias puertas alejadas de mí se asoma otro Fernando, un artista del frente —paciente externado del hospital — que me pregunta qué pasa a lo que yo —la psicóloga—, en ese momento coordinadora general psicológica del Frente de artistas le respondió:

—¡Me estoy brotando!

Después de las peripecias de mi amiga María por el descampado de un Chapadmalal fuera de temporada y el psiquiatra revolviendo todos los bolsos que tenía a su alcance, aparece un decadrón y listo, psicóloga salvada del brote.

Es llamativo que se utilice la misma palabra para un brote psicótico, una reacción en la piel y una planta que está creciendo. Claramente lo que nace puede ser bueno o malo. O ambos.

Moraleja: nunca confíes en una manzana.

Mientras tanto bautizaban a mi ahijado en Buenos Aires. Le había avisado con tiempo a mi amiga Laura, madre de mi ahijado, las fechas del viaje para que contemplara los dos fines de semana que no iba a estar en Buenos Aires y coordinar el día. Resultó que era conveniente, por alguna razón que no recuerdo, hacer el bautismo uno de los dos domingos que yo no iba a estar.

—Es una bendición en mi religión, no hay problema si no estás.

Conclusión: tuve una doble para el bautismo de mi ahijado Cangui; como si fuese de lo más normal que alguien lo represente a uno en la iglesia. El sacerdote representaba a Dios y mí me representaba una humana corriente.

22

Apenas entré al Borda, la primera vez que fui, al minuto de estar sentada en el hall principal se me acercó una paciente y me pidió una galletita de las que yo estaba comiendo. Mientras estiraba la mano para ofrecerle que tomara del paquete las galletitas que quisiese recordé a aquella mujer del hospital donde había estado internado mi tío Miguel y me llené de nostalgia. Cuando llegaron todos los del grupo y subimos hasta el primer piso para tener la primera clase, ahí estaba, la que yo había dado por sentado que era una paciente al frente del grupo, lista para dar la clase.

Las primeras impresiones nos impactan. Primer paciente de acá y de allá. Primer día en un hospital psiquiátrico, primer día en el Borda para una pasantía. Primera vez que te das cuenta de que quien decide quiénes están locos no representan necesariamente a la salud mental.

La docente-paciente en esa primera clase nos contó al borde de las lágrimas que estaban por transferirla de servicio, a uno de esos servicios de crónicos donde ya nada podía hacerse por los pacientes.

De esos primeros días de la pasantía me quedó grabada una escena. Bajaba las escaleras y se me acercó un paciente que estaba comiendo un sándwich. Me ofreció lo que estaba comiendo y fuimos charlando de varias cosas mientras bajábamos las escaleras, una charla de lo más cotidiana. Cuando llegamos a la planta baja había un grupo de compañeras de la universidad que se notaba estaban muy incómodas. El paciente de la escalera fue directo hacia ellas y antes de llegar incluso empezó a hablar todo tipo de incoherencias. Las caras de ellas se desfiguraron con la incomodidad. Fue realmente impresionante ver cómo respondía a lo que se esperaba de él.
Sin intención consciente; solo siendo quién debía ser mientras agachaba la cabeza para que le colocaran la máscara.

23

El Nono contaba que la primera vez que fue a visitar al tío Miguel al hospital Borda, apenas entró se dio cuenta de que un paciente lo seguía. Ya adentrados en los pasillos del hospital el paciente lo encaró y le preguntó:

—¿Usted me va a pegar?

—No, ¿cómo le voy a pegar? —Dijo el Nono sorprendido.

—Es que tiene manos tan grandes.

El Nono le contó que tenía una enfermedad que le había deformado los huesos y que por esa razón tenía las manos y los pies más grandes que lo normal.

La enfermedad se llamaba acromegalia, y si la hubiese tenido de niño el Nono hubiese sido un gigante, pero como le agarró a los treinta y ocho años no creció de altura y solo le crecieron las manos, los pies y un poco la cabeza. Al diagnosticarlo le dijeron que si no respondía al tratamiento le quedaban seis meses de vida ya que los órganos internos iban a crecer en un cuerpo en donde no entraban. Como el tratamiento funcionó no le creció el corazón (que era el mayor riesgo) y vivió muchos años más; si bien su corazón siempre había sido enorme, y con esas manos tan grandes me había enseñado a atarme los cordones de los zapatos y a hacer la tarea del colegio.

Para mí, el Nono siempre fue un abuelo de lo más normal; y si creyera en el complejo de Edipo lo hubiese tenido con él. Estoy segura.

—Yo también estoy enfermo —dijo el paciente del Borda—. Dicen que estoy loco, pero yo no estoy loco. Los locos son los que están afuera. Yo lo comprobé, y si quiere usted puede hacerlo también. Vaya a la estación Constitución y mire para arriba, va a ver que al rato los demás también empiezan a mirar para arriba. Escuche bien, esa es la gente que está loca.

El Nono salió del Borda, fue a la estación Constitución e hizo la prueba. Al rato todas las personas de la estación de trenes que tenía al alcance de la vista estaban mirando para arriba.

—Vas a ver, hacé la prueba —decía el paciente del

Borda, o el Nono, o te lo digo yo.

24

Cuando trabajaba en el Frente de Artistas también entrevistaba a la gente que quería participar del voluntariado. Siempre me encontraba en el bar del hospital, después del hall central, justo antes de la seguridad. Siempre sabía quién era el "nuevo" apenas lo veía y solía acercarme y presentarme directamente. Supongo que percibía algún tipo de sorpresa en la expresión. Sorpresa-entusiasmo con algo de incomodidad.

Una de las veces cuando entró la persona que esperaba vino directo a mí —lo cual no era habitual— y me contó que, antes de entrar, le había preguntado a la primera persona que se cruzó en el hall si me conocía. Resultó que era un paciente que venía al Frente y le dijo que sí, y describió mi altura junto a no sé qué otra seña particular y agregó:

—Y tiene el pelo... No sé de qué color lo tiene en estos días.

Después de reírme —por una razón diferente a la de él, que había dado por sentado el asomo del desorden mental— le dije que la descripción era muy acertada ya que en esa época solía teñirme el pelo tan seguido que era de esperar que no supiera de qué color lo tenía en ese momento.

—¿Estoy bien para presentarme en una entrevista de trabajo? —me pregunta Alejandro, uno de los pacientes que venía al Frente de Artistas.

El Borda, al igual que otros hospitales psiquiátricos, además de tratar a los pacientes que deben tratar, deben lidiar con dos situaciones que no favorecen el objetivo del hospital de atender en la crisis e internar si hace falta y dar el alta subsiguiente. Una de esas situaciones es el grupo de pacientes que han sido mal-tratados (y vale también sin el guión) décadas atrás y que se han ido cronificando a partir de dichos tratamientos como los electroshocks, que no solo eran utilizados para abordar diagnósticos de catatonía o melancolía estuporosa —pacientes que están en riesgo de muerte, y que si bien hoy en día el electroshock tiene una carga antiética a la cual no hay con qué darle, en esos diagnósticos tenía un sentido terapéutico—, sino como castigo a los pacientes "difíciles"; pacientes tratados con abordajes medicamentosos (habitualmente sobremedicados) sin psicoterapia, etcétera.

El otro problema es que hay veces en que se podría dar el alta pero el paciente no tiene adónde ir, entonces queda internado porque accede a un techo y comida, con un costo emocional altísimo, convirtiéndose en un paciente psiquiátrico-social.

El hospital psiquiátrico público está lleno de pacientes que no deberían haber permanecido en el hospital más de un mes pero que hoy viven allí.

Por otro lado, es lo mínimo que el hospital puede hacer, albergar a todas estas personas, ya que estas situaciones resultan de fallas en el sistema.

—Tenés el pelo muy sucio. Lavatelo y vas a estar bien.

—Gracias, gracias por decirme la verdad.

¿Era ese el tipo de verdad de la que había hablado aquel primer paciente, el mismo al que dios le había dicho que yo le iba a mostrar la verdad?

Aquella idea popular que dice que hay que seguirle la corriente a los locos empieza con la intención de no generar una confrontación sin sentido alguno y termina creando en la persona que sigue dicha corriente la locura de asentir a lo que no acuerda como verdadero.

¿Cuándo se inventó que era mejor no decirle al que tiene una lechuga en el diente que tiene una lechuga en el diente?

25

En los talleres de arte del Frente de Artistas comprobé (y sobre todo a través de mis pacientes de consultorio) que lo que uno espera del otro realmente habilita al otro a ser. Eso es una parte crucial de la sanación.

Una de las cosas más difíciles del trabajo de un terapeuta es ir en contra del otro para ir con el otro hacia donde necesita ir. En contra de sus creencias y preconceptos respecto de lo que puede o no puede. Y esto solo funciona si uno cree de verdad.

Una de las mejores cosas del trabajo de un terapeuta es ver lo que el otro es en potencia. Quién es detrás de sus miedos e inseguridades, detrás de la angustia y los personajes creados para defenderse de una historia de vida jodida, de un mundo hostil, de los demonios.

Así como los pacientes del hospital habitan el personaje disponible del loco también pueden habitar el personaje del que puede, del que sufre y encuentra modos de expresarlo, del que tiene problemas como cualquier otra persona que nunca estuvo internada en un manicomio.

A todos los festivales a los que he concurrido la diferencia en la calidad artística era notable entre el FAB y los talleres de los demás hospitales. La diferencia radicaba en que en el FAB eran talleres de arte, no eran talleres psicoterapéuticos o de arte-terapia. El arte sin lugar a dudas, sana. ¿Para qué sobre-pensarlo? Mejor dicho, ¿para qué enmarcar un marco? Se puede, sí ¿pero qué sentido tiene? Cada tanto, para comprender y cuestionar, pero no para que sea una regla que hay que interpretar y dar un sentido unívoco. Eso es lo contrario a crear.

¿Expreso lo mismo con la mirada del testigo que juzga? Por supuesto que no. ¿Expreso para el que juzga? ¿Expreso para los otros?

¿El arte es expresión o es algo mucho más profundo aún?

¿Se puede acaso atestiguar el proceso en que sucede el hecho artístico?

¿O solo después, cuando la mirada o el oído, o el sentido que fuere completa el hecho artístico?

¿O el otro no completa nada?

¿El sentido que otorga el que consume ese arte, es parte de la obra?

26

El hospital psiquiátrico está lleno de Jesucristos, personas vigiladas con chips de última generación y humanos demasiado sensibles a la mierda que es el mundo. Es llamativo que, si bien hay delirios que se van ajustando a la época, los Jesucristos nunca desaparecen del escenario.

No existe un número relevante de muerte por enfermedad mental.
Mi tío Miguel se murió de gangrena, resultado de los tres, cuatro atados de cigarrillos que fumaba por día, que se compraba con el dinero de la jubilación. Según la estadística no murió por su diagnóstico de enfermedad mental.

27

En el servicio de internación del Borda, las historias clínicas de cada paciente tenían hasta cinco diagnósticos diferentes, y a partir de allí y siendo que yo acababa de hacer un posgrado en el test de Rorschach, —es bastante complejo de interpretar pero la toma básicamente consiste en preguntar qué es lo que cada uno ve en diez láminas que son manchas simétricas— acordamos que iba a tomar el test a un buen número de pacientes para ver si podíamos clarificar el panorama.

Cuando terminaba la toma hacía una entrevista de cierre en donde hacía algunas preguntas para completar y complementar toda la información que había obtenido de lo que habían visto en las láminas. Me pasó en una de esas entrevistas que, al preguntarle al paciente si quería agregar algo más, justo antes de cerrar la entrevista, el paciente me dijo que sí, como si estuviese por agregar "ah, y que tenga un buen día", me contó un episodio con un niño de cinco años al que él había tocado, *indebidamente*; esa fue la palabra que utilizó.

Yo tenía muy poca experiencia y cometí el error de no preguntar nada al respecto. Él estaba evidentemente atormentado por el hecho y parecía que algo se había aliviado al relatarlo. Ahora la que estaba atormentada era yo. Había escuchado la confesión de un abuso y no había hecho nada al respecto. Después, lamentablemente me fui acostumbrando a escuchar historias de abusos, pero jamás del que lo había perpetrado.

Busqué una excusa para volver a entrevistarlo y entre las preguntas que le hice de pronto pregunté cuántos años tenía él cuando había ocurrido el episodio que me había relatado. Resultó que él también tenía cinco años.

Algo que había sido una aberración se transformó en un juego de búsqueda entre niños con la información necesaria. Solo faltaba la pregunta correcta. Respiré aliviada y no volví a cometer ese error de no preguntar.

Una palabra, un número incluso, a veces sí hace la diferencia entre lo natural y el horror.

Recuerdo la fascinación de un compañero de la facultad que estaba en uno de los servicios de emergencias al escuchar algunas de las respuestas respecto de qué veían los pacientes en las láminas del Rorschach. La respuesta que me quedó grabada (refiriéndose a una parte mínima de la mancha respectiva a la lámina I) fue:

—Veo unos árboles pingüino a la orilla de un bosque encantado. —Una genialidad.

En mi servicio, en cambio, al margen de clarificar algunos diagnósticos y confirmar unos cuántos casos de demencia, los resultados respecto de lo proyectivo se veían bastante normales, con algo de depresión, y esto era lo esperable en pacientes crónicos, en donde la locura había sido asfixiada con electroshocks y sobremedicación tiempo atrás.

También se podría pensar que según el Rorschach todos los pacientes del servicio de crónicos eran más normales que yo.

La lámina V tiene dos respuestas populares: una mariposa o un murciélago. Si ves algunas de esas dos cosas en la mancha está bien, es parte de la normalidad, pero si decís que ves una mancha simétrica está mal; significa que no tenés capacidad para simbolizar.

¿Nos vamos entendiendo?

Un poco de locura es necesaria.

28

La locura genera una división no solo poco feliz, sino que arbitraria. La línea está marcada por el *Manual diagnóstico y estadístico de los trastornos mentales* (MDE). Traducción del *Diagnostic and Statistical Manual of Mental Disorders* (más conocido como DSM).

Dicho manual es la manera de ponerse de acuerdo en todo el mundo, y cada tanto se revisa y va ajustándose acorde a la época. Hasta hace unas décadas atrás la homosexualidad era considerada un trastorno. ¿Cómo no sospechar de lo que el manual define como patológico hoy?

Esa línea también está marcada por lo que está habilitado socialmente en la sociedad a la que pertenecemos. Incluso algo condenado en una sociedad puede ser valorado en otra.

En Bali, Indonesia, podés ir a un templo y en el

marco de una purificación ver que alguien entra en trance. O en la India, o en cualquier otro lugar en donde la religión y cultura no poseen límites claros el hecho religioso adquiere dimensiones que trascienden la conducta esperada y normalizada.

En el hinduismo balinés el arte es para los dioses. De hecho, es la única religión que conozco que hoy en día continúa expresándose a través de lo artístico, además de sus ofrendas diarias y ritos específicos de transición.

Todo es bello, todo tiene colores, flores, agua y comida. El drama expresado es la lucha entre el bien y el mal, y ver a alguien poseído entra dentro de los parámetros de la expresión de la religión.

Ahora bien, ¿la persona poseída "sabe" que no puede estar poseída en la oficina en donde trabaja? ¿Se trata de eso acaso? ¿De saber cuándo enloquecer? ¿Es esa la línea divisoria?

Cuando lo loco se extiende a un grupo, como una secta, lo loco se normaliza para uno. Cada sociedad tiene sus locuras bien instaladas.

Cuando uno está rodeado de gente que no tiene miedo a lo que está ocurriendo alrededor, ¿pierde acaso el miedo individual? ¿O la cultura enmascara al miedo, el cual viaja más profundo y se instala en un lugar más inaccesible?

Hace algunos años fui a hacer un taller intensivo de yoga a Kovalam (en el sur de India), en el mes de febrero, que coincide con varios festivales importantes. Después de un buen rato de mirar al elefante vestido de gala y las preparaciones en el templo un grupo de hombres empezó a hacer percusión con una potencia impresionante. Había otros hombres alrededor y algunos empezaron a moverse de modo exagerado con movimientos que parecían espásticos y después de un rato se desvanecían y eran asistidos por los hombres que se encontraban detrás. El que entra en trance accede a algún lugar que no está a la mano en una situación cotidiana.
Mientras los hombres estaban en trance venía algún otro a hacer la labor de atravesarle agujas gruesas a través de la piel. Algunas tenían forma de espada pequeña, otras eran aros. Y entre todo este festival delirante, lo más loco de todo es que no vi ni una gota de sangre caer de ninguna de las "heridas" provocadas por los metales que atravesaban los cuerpos.
Había niños también, y eso era más impresionante. Con los niños todo es más impresionante. Había uno que parecía que no estaba del todo en el trance y

el que asumimos que era su padre —junto a mis dos compañeras, Shan Shan y Sharon, del intensivo de yoga que estaban conmigo presenciando el rito— le dio un billete que interpretamos como un soborno para que se dejara marcar, atravesar con el metal que iba a purificarlo.

Como si esto no hubiese sido lo suficientemente impresionante todos los hombres con aros que atravesaban sus espaldas se agruparon cerca de un poste, que a su vez estaba enganchado a un camión. Cuando mi cerebro conectó todas las secuencias dije:

—Por favor, no me digan que va a pasar lo que creo que va a pasar.

Y efectivamente un grupo de hombres colaboró en atar a los hombres que habían estado en trance a través de los ganchos de metal con sogas y cuando todos estuvieron listos vimos cómo subía el poste y los hombres con los ganchos de metal que le atravesaban la espalda eran levantados, quedando suspendidos en el aire.

Entre paréntesis, la gente que desea experiencias psicodélicas, más que consumir algún químico, debería viajar a lugares en donde la experiencia de conectar con eso que es difícil de nombrar tiene un sentido colectivo. Van a flashear.

¿Qué era eso que estaba presenciando, locura o devoción?

¿Qué relación existe entre una y otra cosa?

29

Aprendemos desde chiquitos a tenerle miedo a lo que es diferente a uno, incluso a lo que no entendemos. A veces lo que nos sorprende o descoloca entra en alguna categoría del miedo.

Una técnica que descubrimos con Julie —una canadiense que conocí trabajando en un hostel en Budapest y con la cual viajamos por Medio Oriente— después de haber escuchado un millón de veces por cuántos camellos nos comprarían, haber zafado de un intento de subirnos en contra de nuestra voluntad a un auto con cuatro tipos en El Cairo, habernos escondido en una obra en construcción en un pueblo perdido de Jordania para refugiarnos de un hombre que nos perseguía, era sacar el tema de la religión. Jamás fallaba, ahí los musulmanes se ponían serios. O tenían miedo.

El miedo suele ser parte de las religiones. Miedo al castigo divino, al demonio, a las brujas, al infierno, al mal karma. Miedo que siempre controla la vida de los hombres.

Las personas en Occidente se espantan porque los chinos comen murciélagos mientras parten la pata de un langostino para después arrancarle la carne con los dientes y chuparse los dedos. Y uso ese ejemplo y no el más popular de espantarse con que coman perros cuando en occidente se comen vacas y tantos otros animales. La defensa de que el perro es una mascota —y como estoy encariñada no lo como— no resiste ningún argumento. En el campo hay animales de granja que son mascotas y se los aprecia como tales y no por esa razón dejan de comer animales de esa especie.

Si comés animales no tenés derecho a espantarte porque otros también comen animales.

En Bali las gallinas son mascotas más populares que los gatos y también se las comen. En Bali sacrifican todo tipo de animales creyendo que les posibilitan pasar a una encarnación mejor.

Más allá de las oscuridades que tiene la cultura balinesa una de las mejores cosas es que no hay un paraíso al cual acceder después de la muerte ni un cielo libre de infierno. En ese sentido la reencarnación suma puntos. Los balineses asumen que el hombre vive en un mundo intermedio de dioses y demonios, el hombre tiene bondad y maldad. Todo es parte de un ciclo.

Los argumentos binarios calman y otorgan una ilusión de tener claro de qué lado estoy, pero no enuncian ninguna verdad. Todo lo contrario, confunden las búsquedas de lo que tiene un sentido verdadero.

Lugares como Bali, si bien tienen sus sí y sus no bien definidos, también conviven —más cómodamente que otros lugares— con la incertidumbre, con la mezcla de lo bueno y lo malo, la realidad y la ficción.

Uno de los tantos ejemplos en donde realidad y ficción se entrelazan con las creencias populares, es que muchos balineses creen que las marcas circulares que suelen tener los cocos funcionan como ojos; entonces si vas por una calle manejando un scooter y un coco te cae desde lo más alto del cocotero —lo que significa que cae entre veinte y treinta metros de altura— en la cabeza (lo cual puede causar mucho daño, incluso la muerte) es porque el coco lo decidió. El coco sabía lo que hacía y por eso mismo lo hizo. ¿Y, qué vas a hacer, enfurecerte con el espíritu de la naturaleza? ¿La misma naturaleza que te proporciona la ley de gravedad?

El hinduismo balinés toma elementos del hinduismo indio, del budismo y del animismo. Y el animismo, más popular entre las creencias de los pueblos primitivos, pareciera que busca aceptar más que indignarse por lo que no comprendemos.

¿Será que los hombres inventaron a un Dios a imagen y semejanza para que tuviese rostro y así tener a quien culpar de las injusticias?
¿Será que a todo lo que no comprendemos lo llamamos *injusto*?
¿Será que fuimos dividiendo las cosas en uno u otro estante para intentar comprender-controlar al caos?

Una evidencia del orden inherente a lo caótico es observar el tránsito en prácticamente cualquier ciudad asiática. Vas por una avenida y llegás al cruce de otra avenida en donde no hay semáforo, y podés seguir de largo, o doblar a la izquierda o a la derecha. Y todos los que vienen de frente o de la avenida con la cual te cruzás pueden hacer lo mismo. Y milagrosamente funciona. O caóticamente.
Y un día te sentís increíblemente bien porque sos

parte de esa red que no tenés idea cómo funciona, pero funciona. Sos parte de esa masa que está compuesta por cada uno pero que es una sola.

30

En casi todos los años de la escuela primaria tuve el diploma de asistencia perfecta. Falté tres veces en los siete años. La primera vez fue en segundo grado, el día que se murió el tío Miguel. Y las otras faltas fueron en sexto grado, dos días seguidos, cuando se murió el Nono. Le pedí a Dios una y otra vez despertarme de la pesadilla, y cerraba y abría los ojos a ver si aparecía en otro lugar o veía algo diferente en el entorno que corroborara que me había despertado, pero la pesadilla de la pérdida era la realidad.

Faltaban dos días para la operación de vesícula de la Nona. Ella estaba como siempre, cantando una tarantela cuando había ocasión y llevando su vida —y la de todos nosotros— como si nada. Pero todos creíamos que el Nono tenía miedo de que ella no sobreviviera y él sin ella no iba a sobrevivir. O eso creía él. O eso creímos nosotros que creía él.

Fui la última persona que lo escuchó. Sonó el teléfono, agarré un banquito, me paré sobre él y atendí. Escuché la voz del Nono que pronunciaba mi nombre.

—Sí. ¿Nono? ¿Nono?

Aparece mi abuela y me pregunta qué pasa. Colgamos el teléfono y volvimos a llamar pero ya nadie atendía. Daba ocupado, un ocupado que presagiaba lo peor.

Los silencios han marcado partes clave de mi vida.

Había tenido un derrame cerebral del cual nunca despertó. Estuvo varios días en terapia intensiva y se murió el único día de esa semana en que estuvimos todos presentes alrededor de la cama del hospital. Todos tuvimos la sensación de que algo había cambiado de un momento para el otro. Un silencio diferente al silencio normal. Algo había desaparecido.

Con la muerte del loco y del gigante algo de mi infancia también moría. Aparecían el sinsentido y lo injusto y el dolor de la pérdida. Pero en mi mundo interno, repleto de mundos que hacía y deshacía a mi parecer, ellos no desaparecerían más.

Nunca me voy a olvidar del día en que algo de esto

mismo le ocurrió a mi hermana Lu. Ella solía jugar con duendes, y su juego favorito era cocinarles. Para que sepan, la comida preferida de los duendes es la sopa. Yo pasaba mucho tiempo con ella y disfrutaba de la imaginación vívida, y jugaba a ser parte.

Un día, el día de su cumpleaños, el año que había empezado el jardín de infantes, jugaba con sus compañeritos y yo salí para ofrecerles bebidas. Escuché que ella dijo:

—Ahí está.

—¿Dónde? —Preguntó uno de sus compañeros—. Ahí no hay nada.

Le vi la expresión (una expresión que nunca voy a olvidar) y en un segundo y con dolor comprendí. Era la tristeza de presenciar la muerte de la infancia inocente.

Ella hizo cálculos mentales rápidamente y dijo:

—No, me confundí.

Fui testigo de ese momento en donde uno aprende que lo que los demás no ven, uno tampoco lo ve; o al menos ya no lo percibe de la misma manera y se transforma en otra cosa (¿en intuición?). Parte del vivir en comunidad y comprender las reglas del juego. Comprendí enseguida que eso también era necesario para su desarrollo y fortaleza emocional.

Un detalle fundamental de la historia: ella no solo

siguió cocinando, sino que es chef.

31

Dice Michel Foucault: los únicos que dicen la verdad son los locos y los niños. Por eso a los locos se les encierra y a los niños se les educa.

Claro que no es estrictamente cierto. Los locos son Jesucristos y los niños tienen superpoderes, sin embargo, hay una verdad. Los niños y los locos perciben y enuncian. No hay especulación, no hay barrera normalizadora. No hay juicio de valor respecto del cómo va a ser recibido el enunciado. El puente entre la percepción y la palabra es directo, sin peajes ni policía de tránsito.

También tenemos "in vino veritas" (en el vino está la verdad), que podemos transpolar a: los borrachos siempre dicen la verdad. En este caso, con una sustancia de por medio, una sustancia que baja una barrera también de control.

¿Qué tipo de temor genera esa verdad no filtrada? ¿Lastima? ¿Es incomprensible?

¿Niños y locos, y borrachos, tienen acaso algún derecho u obligación a decir esa verdad?

32

La locura trasciende todo tipo de definiciones, todas se quedan cortas, de hecho nadie está seguro respecto de qué es. Es más coherente hablar de lo que simboliza. Y como símbolo incluso entra en las cartas del tarot de Marsella.

El loco es la última carta, la número 22, y a veces no tiene número convirtiéndose en la primera, el 0. Representa la energía indefinida, descontrolada, el impulso, la falta de sentido común, la falta de consciencia. En una tirada cuando sale derecha representa a la inocencia, a la espontaneidad, al espíritu libre. Cuando sale dada vuelta significa irresponsabilidad, precipitación, no pensar respecto de las consecuencias.

Es la potencia, el niño interior, la creencia que trasciende los parámetros establecidos. El cuadrado que se desarma y es una línea, o un círculo, o un ojo, o una palabra.

La locura nos salva de lo ordinario, de lo común.

Nos atrae aquello que consideramos loco, pero tememos a lo distinto, y convivimos con esa contradicción sin pestañar. Un poco de locura sí, pero mucho se nos sale de control.

Eso que llama la atención no siempre está a la vista y si no lo comprendo se vivencia como extraño. Cuando percibo lo extraño me alejo para defenderme.

Y así, el baile continúa.

33

El loco es rechazado por la sociedad.

El loco es un extraño-extranjero.

El loco brilla pero no se sostiene por sí solo.

Lo loco es lo que puede desbordar en cualquier momento.

El loco es la falla del sistema.

¿Es a eso a lo que tanto miedo le tenemos?

APÉNDICE

La función que cumple el apéndice ha sido un asunto de controversia en el campo de la fisiología humana. La mayoría de los científicos —si bien aún lo consideran prescindible— acuerdan con que su función parece estar relacionada con ser un refugio para las bacterias buenas. Enfermedades como el cólera o la disentería eliminarían las bacterias útiles y las bacterias refugiadas en el apéndice podrían resetear el intestino para que funcione correctamente.

Lo que cuelga al final —que amenaza con ser accesorio–, a veces funciona como lo necesario, al menos ante ciertos padecimientos. Perdemos y encontramos razones, el mundo se despedaza y se reinventa.

Bacterias buenas que la enfermedad transforma en malas. Bacterias criticadas, desvalorizadas en el mercado, ineludibles para el funcionamiento de la psique, del alma, de lo efímero del batir de alas de la mariposa.

Nos debatimos entre el no sufrimiento y el hambre de sacudirnos, para educarnos como la única posibilidad para ejercitar la rotura de viejos moldes y así poder crear. O bien, fingimos ser poseedores de un pedazo de autonomía.¿Quién nos cree? La historieta se ríe de sí misma, se ahoga con microbios malparidos para después desgastarse en el intento de escupirlos.

El pedazo no puede salvarnos de todo. Podemos sentir una inflamación en forma súbita y sin ningún signo o síntoma previo. Nos resguardamos en la desolación, en los otros, en la religión, en el sexo, en el entretenimiento.

Sobrevivimos una vez más. El dedo nos señala acusando una continuación como dirección obligatoria.

El organismo es sabio en la búsqueda de apéndices y siempre encuentra la forma de resetearse. Y si es necesario se realiza el procedimiento quirúrgico. Queda lo que queda, para continuar. Como si nada hubiera pasado.

Se extirpa y listo.

MI AGRADECIMIENTO A:

Silvia Appugliese, Lorena Portillo, Maria Sniadowka.

Julia Manzo.

Lucía Pazos, Marcelo Pazos, Claudia Pazos, Gisela
Zorzi.

Alejandra Astrachanzew, María Morán.

David Palo, Mau Hugeat.

Irina Pampararo, Lucía Baragli, Amaranta Pereyra,
Penélope Baquero.

Yoli Veneri.

Sociedad de Escritores CABA.

Nací el 4 de septiembre de 1971 en la Provincia de Buenos Aires, Argentina. Hace varios años que vivo entre el Sudeste Asiático y Europa. Viajar me ha permitido conocer y conectar mundos que son tan diversos entre sí y que sin embargo en lo profundo resultan parte del mismo mundo habitado por el mismo humano que sufre por las mismas cosas. A su vez, desde chica me han atraído los mundos internos. En un principio mi canal de expresión se manifestó a través de imágenes: dibujo, pintura y fotografía. La palabra siempre estuvo, sin embargo, fue apareciendo de a poco como protagonista para ir trazando una línea que iba a conectarlo todo. Entre la fascinación que siempre me ha generado la mente y lo que es capaz de crear, sumado a una necesidad de comprender el dolor de las personas, estudié Psicología, profesión que he ejercido por veinticinco años.

Con el tiempo, de manera continua e inquebrantable me he enamorado de la palabra en todos sus aspectos: oída, hablada y sobretodo escrita. Es el canal en el que todos los canales en mí confluyen. La palabra como herramienta para enunciar verdades de un modo en que podemos mirarlas a los ojos y sostener la mirada. La palabra que conecta los mundos del adentro y el afuera. La palabra que construye los más diversos caminos y nos salva.

Una Alegría Triste Del Corazón: Poema

Un relato oscuro e introspectivo que te absorbe en las profundidades del mundo interno de una mujer. Su encuentro casual con un hombre a lo largo de una noche suscitará en ella la búsqueda de lo verdadero.

Gatos Y Perros De Pie: Fábula

Un mundo en el que gatos y perros se ponen de pie y toman la palabra. La omnipotencia de los seres humanos y su falta de conexión con la naturaleza quedan en evidencia.

Made in the USA
Middletown, DE
01 May 2021